la · Tapisserie · Gothique

MANUFACTURE NATIONALE
DES GOBELINS
DIRECTEUR : E. PLANÈS

LA TAPISSERIE
GOTHIQUE

ÉDITIONS ALBERT MORANCÉ

LA TAPISSERIE
GOTHIQUE

OUVRAGE ÉTABLI
PAR LES SOINS DES
ÉDITIONS ALBERT
MORANCÉ, A PARIS
30 & 32, RUE DE FLEURUS

ANCIENNE MAISON MOREL
FONDÉE EN 1780

LES TAPISSERIES que nous reproduisons dans cet album sont celles qui figuraient à l'Exposition Gothique de la Manufacture Nationale des Gobelins au mois de juin 1928. Ces pièces furent si goûtées des amateurs d'art, que nous nous devions d'en perpétuer un souvenir durable. Nous pourrons continuer ainsi à contempler tous ces personnages de tapisserie, qui, dès l'entrée de l'Exposition, nous accueillaient d'abord, puis nous attiraient, nous retenaient et forçaient notre admiration. Ils nous ont fait comprendre les artisans du moyen âge qui tissaient non seulement avec leurs mains, mais avec leur esprit, leur cœur et leur âme.

CES « HAUTELISSEURS » fameux traduisaient en laine et en soie la peinture de grands artistes, avec le même amour que mettaient les sculpteurs à tailler dans la pierre dure les saints magnifiques ou les gargouilles curieuses de nos cathédrales, et nous sentons, en contemplant leurs œuvres, que tous étaient animés du même désir, celui d'exécuter une œuvre noble et complète, parfaitement équilibrée et harmonieuse, afin de donner à leurs personnages, par le naturel des attitudes, l'illusion de la vie.

NOUS AURIONS VOULU, en présentant des œuvres plus anciennes, montrer les premiers âges de la Tapisserie, car cet art remonte aux temps les plus anciens de l'Histoire, mais toutes ces pièces, d'un travail d'ailleurs assez rudimentaire, ont été détruites par les révolutions ou les incendies. Les documents que nous avons pu consulter nous disent, en effet, que les premiers peuples s'adonnaient à ce travail, tissant des tentures d'assez grandes dimensions pour orner les palais et les temples. On rapporte même que les ouvriers babyloniens employaient les matières précieuses pour traduire en tapisseries les peintures les plus éclatantes, et Pline célèbre la somptuosité de ces travaux en précisant que ces ouvrages atteignaient des prix considérables.

De leur côté, les Hébreux, comme les Assyriens et les Egyptiens, tissaient des ornements sacerdotaux. Nous pouvons lire dans les textes que « l'on battit l'or en lames et qu'on le découpa en fils pour les entrelacer avec la pourpre violette et rouge et le cramoisi et le lin . »

LES PREMIERS GROUPEMENTS d'artisans se rencontrent en France en l'an 800 à Auxerre, au siècle suivant à Saumur ; au XIe siècle à Poitiers ; au XIIe siècle à Limoges. La première pièce arrivée jusqu'à nous est la *Tapisserie de Bayeux,* qui date du XIe siècle. C'est un document d'un intérêt précieux. Les armures, les costumes, les personnages sont un enseignement, et nous sommes intéressés par l'embarquement de ces guerriers avec leurs armes et leurs munitions, puis par leurs combats ; elle est cependant, plutôt qu'une Tapisserie, une broderie d'un dessin naïf, sans aucun souci de la proportion, de la perspective, de la composition.

AU XIIe SIÈCLE un progrès évident se manifeste ; nous pouvons le constater en examinant un fragment du Musée des Tissus de Lyon. Mais toutes ces tentures n'étaient que des étoffes brodées ou tissées de façon très primitive exécutées sur des métiers de basse lice, possédant une pédale à l'aide de laquelle les tapissiers séparaient les fils de chaîne.

AU XIVe SIÈCLE seulement on rencontre une série vraiment précieuse avec l'*Apocalypse* conservée à la cathédrale d'Angers. Alors, contrairement aux manufactures étrangères d'Italie, de Hollande, d'Espagne, d'Allemagne, d'Angleterre, qui n'auront qu'une durée plus ou moins éphémère, la grande tradition française se continuera jusqu'à nos jours ; les artisans les plus habiles auront à cœur de maintenir sa renommée. Si nous connaissons fort peu le nom des artistes ayant imaginé ces œuvres, comme Hennequin de Bruges, peintre de Charles V, nous possédons du moins ceux de la plupart des artisans célèbres.

Au début de ce siècle nous trouvons Nicolas de Chiele, Jean de Meaux, Jean Hucquedisin, Nicolas de Reims, travaillant à Arras ou à Paris. Malheureusement leurs œuvres ont été détruites; nous arrivons alors à Nicolas Bataille, tissant en 1378 cette tenture de l'Apocalypse. Nous savons également, — et c'est ce qui rend cette pièce plus précieuse encore, — que les cartons furent peints par Hennequin ou Jean de Bruges qui reproduisit les scènes de l'Apocalypse, tirées du livre de saint Jean, d'après les miniatures d'un manuscrit célèbre appartenant au roi de France. Elle était composée de sept pièces, chaque panneau de 24 mètres sur 5 de haut, le tout mesurant plus de 700 mètres de superficie.

SI NOUS NOUS REPORTONS à cette époque où l'on ne disposait que de moyens assez rudimentaires, nous sommes étonnés du travail accompli. Cette assiduité était due à la grande conscience de ces artistes, puis aux encouragements qui leur étaient donnés par les mécènes qui avaient le goût du luxe et de la beauté, comme le duc d'Anjou — Philippe le Hardi, — le Comte de Savoie.

NUL NE CONTRIBUA autant à répandre le goût de la tapisserie que le duc de Bourgogne, Philippe le Hardi. C'est lui qui donna l'impulsion aux métiers d'Arras, en faisant exécuter d'importantes tentures. Il le pouvait, grâce aux provinces : l'Artois, la Flandre, les comté de Rethel, de Bourgogne et de Nevers, qui lui avaient été apportées par sa femme, la fille du Comte Louis de Male.

Ses collections étaient célèbres, et si le duc d'Anjou employait Bataille pour l'exécution de ses pièces, il demandait à Jacques Dourdin de tisser les siennes avec de l'or et les fils de la plus rare qualité.

BATAILLE DUT CESSER de travailler pour le duc d'Anjou en 1379, et après avoir tissé l'Apocalypse, *l'Histoire de la Passion*, il se consacra à des travaux inférieurs. Si son nom est ainsi passé à la postérité, plus que ceux des autres artisans, c'est que son œuvre principale a pu échapper à la destruction. On trouve cependant les deux noms réunis de Bataille et Dourdin pour le tissage d'une précieuse tenture, les *Joutes de Saint-Denis*. Il est curieux de connaître les prix de cette époque, d'après les comptes qui ont été retrouvés. Chaque pièce revenait à 1.000 francs donc environ 9 francs le mètre carré.

CES GRANDS SEIGNEURS aimant le faste se faisaient, dans leurs déplacements, accompagner de leurs trésors. Les tapisseries étaient installées dans les salles d'honneur ou de festin; servaient pour les mariages ou les réceptions. Les pièces, ainsi tendues de tapisserie, perdaient leur aspect de froideur et de sévérité pour devenir somptueuses. On en mettait partout. Si les salles étaient trop grandes, on les séparait par ces tentures et elles devenaient agréables et pratiques. Les différents sujets étaient appropriés. Les appartements privés étaient meublés de scènes d'amour ou d'idylles pastorales, les galeries d'apparat de sujets montrant la guerre ou la chasse.

L'usage du métier de haute lice était alors en honneur; il est mentionné en 1290 par le garde de la Privauté de Paris, Pierre le Jumeau, puis en 1303 dans les statuts des Tapissiers sarrazinois.

AU XIVᵉ SIÈCLE les personnages sont peu nombreux, distincts les uns des autres, d'un art simple; avec le XVᵉ, c'est un entassement, une exubérance de vie, un réalisme ardent. Les artistes avaient le souci de remplir les surfaces et d'ajouter les légendes ou « écriteaux ». Chaque épisode étant ainsi expliqué d'une façon naïve et touchante, quelquefois en vers assez légers.

QUE NOUS ASSISTIONS à des batailles qui sont des mêlées d'un autre âge, avec des guerriers aux visages violents et expressifs, ou aux miracles de saints aux chappes tissées d'or, ou aux plaisirs de seigneurs et dames parmi les prairies semées de fleurs, nous y voyons toujours une aimable fantaisie pleine d'esprit et de charme.

A travers les âges, beaucoup de ces pièces ne sont pas arrivées entières jusqu'à nous, mais toutes forment une scène complète, tel ce *Vendangeur* jetant, dans la cuve, aidé des servantes, les belles grappes bien mûres, pendant que la châtelaine vient distribuer les premiers grains à son fils.

Dans cette *Scène de chasse*, qui provient de l'Eglise de Notre-Dame de Nantilly, à Saumur, tout se trouve réuni pour nous captiver, les attitudes, les costumes, la composition, la couleur.

Voici en un délicat fragment la naïve histoire de *Saint Maurille*. L'habileté de ce pauvre jardinier vient à être connue du roi d'Angleterre qui le mande à sa cour et lui dit : « Puisque tes fruits sont si parfaits, je te prends pour cultiver mon domaine, » et l'artiste nous le montre aussitôt à l'œuvre.

LA MÊME NAÏVETÉ se retrouve dans ce *Saint Antoine* qui provient de l'hospice de Beaune. Le célèbre hospice fut fondé en 1443 par Nicolas Robin, chancelier des ducs de Bourgogne et de dame Guigone de Salins, son épouse. La tradition rapporte que la noble dame, étant d'un caractère jaloux, avait demandé, lorsque furent tissées ces pièces, au nombre d'une trentaine, pour servir de couvertures de lit aux malades, que l'oiseau de la fidélité fut représenté, et que fut écrit le mot « seulle », voulant être isolée dans le cœur de son époux; enfin les armoiries, les trois clefs et la tour. Que tout cela est charmant de simplicité et comme dame Guigone, au cœur amoureux, dut avoir une existence exempte de soucis, entourée de tous ces oiseaux qui venaient la rassurer.

NOUS VOYONS ENSUITE le fameux *Bal des Sauvages*, qui nous apporte plus de réalisme. C'est la fantaisie la plus haute, et nous rêvons devant l'expression des personnages aux physionomies si curieuses. N'est-ce pas une création moderne saisie à la sortie d'un bal d'artistes ?

Puis ce *Campement de Bohémiens*, tout près de nous également, avec les mêmes gestes et attitudes qu'au XXᵉ siècle.

Voici l'une des plus belles, *les Anges portant les Instruments de la Passion*. Nous sommes charmés par la proportion si juste, la beauté des lignes sans nul détail inutile, la grandeur qui se dégage de ces figures pleines de lumière et modelées avec soin.

Après cette simplicité, nous sommes un peu éblouis devant les parements d'autel de la cathédrale de Sens, *le Couronnement de la Vierge*, et *l'Adoration des Mages*. C'est comme l'apparition d'un somptueux décor après la contemplation d'un calme paysage. L'harmonie de la composition est telle, que l'on sent que l'art est arrivé à sa plus haute perfection, que cette perfection ne sera non seulement dépassée, mais jamais égalée.

IL FAUDRAIT TOUT CITER, tout détailler, car la moindre pièce est un chef-d'œuvre à analyser, telle cette séduisante série de *l'Histoire de saint Martin*, appartenant à l'église de Montpezat. Dans un des plus beaux coins de cet admirable Quercy, la vie de saint Martin vient donner un charme lumineux.

Avec les dernières planches, ce sont les grandes compositions de Reims : *la Vie de la Vierge*, puis *la Vie de saint Rémy*. Ces deux importantes séries forment un monument grandiose et unique. La composition en est si nette, si bien ordonnée, le dessin qui montre exactement les gestes, les attitudes, les expressions est si pur, la couleur délicate et riche est répartie avec un art si infini du jaune au vert, au bleu, et au rouge, que cet ensemble est d'une incomparable harmonie.

IL Y A CHEZ TOUS les personnages de ces tapisseries un air de naïveté et de mystère qui nous enchante; en les détaillant, nous nous apercevons que leurs gestes, leurs expressions reflètent admirablement leurs sentiments intérieurs. Ce moine qui supporte un gros livre devant l'officiant semble le trouver bien lourd et encombrant, aussi son œil de côté implore-t-il les assistants. Ces guerriers sont animés de vengeance et de haine, quelques-uns montrent leur effroi, d'autres leur fierté. Ces étudiants, ces seigneurs sont au bal des sauvages parce que leur situation les y oblige, mais ils ne s'amusent pas, ils ont l'air consterné et non joyeux, alors que les musiciens s'en donnent à cœur joie. Dans une autre de ces pièces, la sentence que vient de rendre Assuérus est terrible sans doute, car ceux qui sont autour de son trône semblent se lamenter.

LES SEIGNEURS ET DAMES paraissent, par contre, tout heureux parmi ces parcs si fleuris et des romans d'amour s'ébauchent. Tous ceux qui font cortège aux saints ne sont nullement étonnés des miracles qui se passent sous leurs yeux; ils s'y attendaient.

Toutes ces impressions, ces pensées intimes, nous les lisons sur les visages, les yeux expriment l'étonnement, la douleur ou l'épouvante, et c'est ce qui rend si passionnante la lecture de ces pages.

CES ARTISTES ET ARTISANS étaient doués d'une imagination puissante, d'une sensibilité très vive, cherchant à exprimer le pittoresque et l'émotion, c'est la caractéristique de toutes leurs productions, aussi le XVe siècle est-il parmi les plus grands dans l'histoire de la tapisserie.

En fermant cet album, nous pouvons nous reporter en imagination à cette époque ardente de travail et évoquer tous ces palais qui enfermaient ces personnages si vivants, se mouvant comme des fantômes.

Nous évoquerons les broches diligentes des artisans tissant des verdures, des bêtes, cette humanité qui a l'air de penser, de souffrir ou de se réjouir. Aussi tous ces artistes qui ont été les créateurs de ces modèles, les artisans qui en ont été les exécuteurs resteront-ils pour nous parés d'une douceur infinie.

CONTINUONS A RÊVER devant ces merveilles, pour les bien comprendre, les goûter pleinement, avec l'espoir que les peintres de notre époque s'inspireront du travail prodigieux de leurs devanciers.

Elles appellent un recueillement intérieur, toutes ces œuvres de Sens, Saumur, Beauvais, Angers, Reims, qui viennent à nous, mystérieuses et prenantes, pour nous éblouir et nous donner une leçon à travers tous les siècles du passé.

E. P.

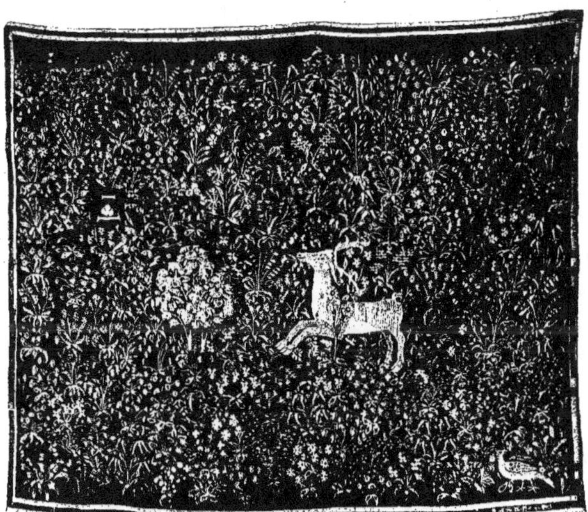

tant que la mer lui randist les dels du reliquiaire de leglise et de puis a riua
presle roy dagleterre qui joyeusement le reteut et retint pour son iardinier

Db de Lh 161
Pet. fol.

16

Comment · S · pierre en la iudee baron le corretaire
dit le crud martre et les agles lui apportems
vng sincigrul prat de briues ordes z brimerges ya ulemper
Comment le saint esprit descend sus cornille centurio
Et sa famille saint pierre preschaunt devant luy
Comment en la prison de herode saint pierre dormant
Entre deux chfis et lagle le frappa par le coste ·

LA VILLE DE REIMS

LE ROY CLOVIS
S REMY
LE ROY CLOVIS
AVRELIEN

Ung bourgeois laisse avecq son heritage
Pour prier dieu et la vierge marie
Mais ung sõ gardes ayãt mauluais couraige
Ung temps apres au laiz il côtrarie
De fault tesmoingz regarder lohete
Pour lheritage a faict venir chappitre
Devant le vesque ung proces il huistre
Et ladebat quil le tist a faulse tiltre
Ung bõ prelat avecques St Remy
Au jugement du proces il allast
Mais marier avoit est cõdormy
Et pourturuat qui sõ mal il plaist
Se proces veu et le tout cõpasse
Sainct Remy dist au juge sans doubter
Si de ce cas recoit le ftre spasse
Que deust tous dieu fit Resusciter

Sancta stella rex Jacob
major

STELLA MARIS
ELECTA VT SOL
PVLCRA VT LVNA
OLIVA SPECIOSA

Coment saint gervais et
saint prothais getterent le
dyable hors du corps dune
ieune fille laquelle
tantost apres fut y euit
baptisee avec son pere

Coment saint gervais et saint prothais apres le trespas de leur pere.
et quere vendirent tous leurs biens et en recurent les deniers .
dß queiß il donnerent auß povres. puis se revestirent de robes blanche .

Comment saint nazare acompaigne de saint gervais et saint prothais .
edifierent vne cappelle es bois et lenfant celle leur amenistrant les
pierres et lors nemon de ce auerty par cornille enuoya bcuto et panlm .
pour les prendre

le pescheur mest prise
car tant plus y presche
et maine y prisan

A pres que larcie sur tenir mons tenoie Lan mil dii xxvii iadis
Edoüard deduc fil a fille espousa Du roy premis mil ent iiii xx die
Seaient Ihs lors conuetra le nom Des ens francoys courtoise nation

Coment leuesque de Justin refuse loblacion de Joachim pour ce quil na point denfant

da mmon · velum tuu capitis ·
puntilla ·

DIXIT EVS VOS WEES IX

TABLE EXPLICATIVE DES PLANCHES

1. VIE DE SAINT JEAN. Pièce de la Tenture de « l'Apocalypse ». Atelier de Nicolas Bataille, Paris, 1375-1386.

Cette tenture est la plus curieuse qui soit parvenue jusqu'à nous et la plus complète. Elle fut commandée par le duc d'Anjou, frère de Charles V, à Nicolas Bataille. L'auteur des cartons est Jean ou Hennequin de Bruges, peintre du roi, qui s'inspira de miniatures qui décoraient un manuscrit de la bibliothèque royale.

La tenture était de sept pièces, d'une longueur totale de 144 mètres, sur 5ᵐ50 de haut, et se composait de 90 tableaux : il n'y en a plus aujourd'hui que 69 et 8 fragments ; les légendes ont disparu.

Ces admirables tapisseries ornaient la chapelle du château d'Angers. Le roi René légua à la cathédrale six de ces pièces, à la fin du XVIIIᵉ siècle ; le « Gothique » était si méprisé qu'elles furent enlevées et à la Révolution servirent de sacs ou de couvertures ; elles furent remises à la cathédrale au début du XIXᵉ siècle. En 1843, l'Administration des Domaines les mit en vente et l'évêque Mgr Angebault en fit l'acquisition pour le prix de 300 francs pour les restituer à la fabrique.

(Appartient à la cathédrale d'Angers.)

2. LA PRISE DE JÉRUSALEM. Grand fragment d'une tapisserie du XVᵉ siècle.

Ce fragment est surtout remarquable par son architecture orientale.

(Appartient à l'église de Nantilly, à Saumur.)

3. PRISE DE JÉRUSALEM (grand fragment).

Cette pièce, de la même série que la précédente, nous fait assister à une scène de couronnement. Les personnages, richement habillés, attirent l'attention par les éblouissantes couleurs de leurs costumes et l'expression des figures.

(Appartient à l'église de Nantilly, à Saumur.)

4. PRISE DE JÉRUSALEM (petit fragment).

Même série que les deux pièces précédentes, représentant une scène de combat ; à gauche un chevalier portant un étendard représentant une Mélusine.

(Appartient à l'église de Nantilly, à Saumur.)

5. PRISE DE JÉRUSALEM (petit fragment). Atelier français du xv· siècle.

Même série que les trois pièces précédentes.

Scène de combat curieuse par les armures des personnages et le harnachement du cheval.

(Appartient à l'église de Nantilly, à Saumur.)

6. SAINT ANTOINE.

Tapisserie de l'Hospice de Beaune, fondée en 1443 par Nicolas Robin, chancelier des ducs de Bourgogne et dame Guigone de Salins, son épouse.

(Appartient à l'Hôtel Dieu de Beaune.)

7. SCÈNE DE CHASSE xv· siècle.

Ce très beau fragment met en valeur le caractère français dans la composition. Les costumes et les coiffures sont d'un grand intérêt.

(Appartient à l'église de Nantilly, à Saumur.)

8. FRAGMENT D'UNE TAPISSERIE xv· siècle.

Curieuse tapisserie dont les personnages très en relief et fort bien traités sont entourés d'un agréable paysage.

(Collection de M. Laradec.)

9. LES VENDANGES (fragments). Atelier français, xv· siècle.

Le vigneron vient porter les grappes dans la cuve, la châtelaine en prend une pour l'offrir à son fils.

(Appartient à M. Larcade.)

10. SEMIS DE FLEURS. ENFANT. ANIMAUX. CERFS. Tapisserie du xv· siècle.

(Collection de M. Larcade.)

11. HISTOIRE DE SAINT MAURILLE.

Cette pièce charmante, a été exécutée en France vers la fin du xv· siècle.

Le bon saint Maurille est reçu par le roi d'Angleterre auquel il offre de beaux fruits qui sont les produits de son jardin; devant un résultat aussi beau, le roi le retient à la cour en le prenant pour jardinier.

(Appartient à la cathédrale d'Angers.)

12. LA PASSION DU CHRIST. Fin du xv· siècle.

L'attention est attirée par la beauté des costumes et la richesse des coiffures.

A gauche la mise au tombeau, et à droite la résurrection. L'architecture de la ville fortifiée qui se profile au fond de la tapisserie a un caractère grandiose.

(Appartient à la cathédrale d'Angers.)

13. ASSUÉRUS AU MILIEU DE SON CONSEIL.

Si l'on en croit la tradition, les tapisseries de Nancy dont provient ce fragment furent prises dans la tente de Charles le Téméraire lors de la mort de ce prince en 1477, devant la capitale de la Lorraine qu'il assiégeait.

Assuérus est représenté sur son trône entouré de ses conseillers.

(Appartient au Musée de Nancy.)

14. CAMPEMENT DE BOHÉMIENS. Tapisserie du xv· siècle.

Au premier plan les bohémiens campent. Les uns sont occupés à faire la cuisine, les autres apportent du bois. Une mère fait la toilette de son enfant.

A droite, des seigneurs et dames contemplent cette scène champêtre.

(Collection de M⁰⁰ Ramet.)

15. LES FIANÇAILLES ET LE MARIAGE DE MARIE DE BOURGOGNE ET DE MAXIMILIEN. Tapisserie du xv· siècle.

(Collection de Mᵐᵉ Ramet.)

16. L'ANNONCIATION. Tapisserie des Flandres. Fin du xv· siècle.

La Vierge, agenouillée, se retourne vers l'ange tenant un phylactère portant : « Dieu envoie le Saint Esprit. »

(Appartient à la Manufacture Nationale des Gobelins.)

17. L'ADORATION DES ROIS MAGES. Fin du xv· siècle.

La Vierge présente l'enfant aux Rois Mages, accompagnés de suivants portant des présents. A droite, Daniel avec une inscription, et à gauche Michel.

(Appartient à la Manufacture Nationale des Gobelins.)

18. LE MIRACLE DU LANDIT. Atelier français, commencement du xvi· siècle.

L'évêque de Paris, l'abbé de Saint-Denis et leurs assistants sont réunis, un des prêtres tient l'hostie au-dessus d'un corporalier, le larron cache en terre le ciboire.

Dans le fond l'Abbaye de Saint-Denis, et un monument rappelant le Palais de Justice de Paris.

Légende en bas du sujet :

A Sainct Gervays ung larron print l' hostie au lindie mist ou s' en alla l' évêque de Paris, l' abbé Sainct Denys avecque, mais au curé deudict lieu est sortie.

Faisant partie d'une suite de onze pièces sur le miracle de l'Eucharistie provenant de l'abbaye de Roncereau d'Angers, et vendue en 1888 au château du Plessis Macé.

(Appartient à la Manufacture Nationale des Gobelins.)

19. L'IDOLE. Atelier français. Commencement du xv· siècle.

L'idole est précipitée d'un autel surmonté d'un dais. Saint Antoine de Padoue nimbé tient le ciboire, un clerc tient une torche. A droite personnages.

Légende au bas :

Ung ydolatre qui la for regnia avait ung fils sainct Anthoine Cordelier. Devant l' ydole hostie sacrée porta soudainement on la vit trebucher.

Même origine que le Miracle du Landit.

(Appartient à la Manufacture Nationale des Gobelins.)

20. LES ANGES PORTANT LES INSTRUMENTS DE LA PASSION. Atelier français, fin du xv· siècle.

Les Anges, vêtus de chapes ou de dalmatiques, sont debout et tiennent en mains les instruments de la Passion.

(Appartient à l'église de Nantilly, à Saumur.)

21. **LE BAL DES SAUVAGES.** Atelier français, xv· siècle.

Fête de cour où la moitié des personnages est en costumes élégants de l'époque, tandis que d'autres ne portent qu'une épaisse toison laissant découvertes les parties saillantes du corps.

(Appartient à l'église de Nantilly, à Saumur.)

22. **LOUIS XI LEVANT LE SIÈGE DE DOLE ET DE SALINS.**

Bruges, 1501-1506. Atelier de Jehan Sauvage.

Treizième pièce sur quatorze de la tenture de saint Anathoille; à droite, procession offrant les clefs de Salins aux reliques de saint Anathoille; plus loin, le cortège dans les rues de la ville; enceinte fortifiée, pennon de Bourgogne.

A gauche, Louis XI s'éloignant de la ville avec ses cavaliers; A l'horizon, ville, château...

(Don de M. Spitzer à la Manufacture Nationale des Gobelins.)

23. **LE CRUCIFIEMENT DE SAINT PIERRE,** xv· siècle.

Guillaume de Héllande, évêque de Beauvais, 1444-1462, voulant commémorer la trêve intervenue entre le roi Charles VII et Henri d'Angleterre, fit exécuter une série de tapisseries pour couvrir les chaires du chœur de la cathédrale.

La date de l'achèvement de cette série nous est connu par les vers qui existaient sur une des tapisseries aujourd'hui perdue.

Ces vers ont été conservés par Hermant dans son Histoire de Beauvais :

> Icelli pasteur vénérable
> Neu d'une vertueuse plante
> L'an mil quatre cent soixante
> Fit faire de bonne durée
> Ce tapis où est figurée
> La belle vie de saint Pierre

Cette série représente la vie de saint Pierre. Chaque scène étant entremêlée des armes de l'évêque et du mot *Paix*.

Ce fragment représente le crucifiement du saint. D'un côté de la croix se tient le peuple, de l'autre les soldats précédés de leur chef revêtus d'une cuirasse richement ornée.

(Appartient à la cathédrale de Beauvais.)

24. **LA VIE DE SAINT PIERRE.** Atelier français, fin du xv· siècle.

La première scène représente saint Pierre en prière.
La deuxième saint Pierre prêchant.
La troisième saint Pierre en prison.

(Appartient à la cathédrale de Beauvais.)

25. **SCÈNE DE ROMAN.** Atelier français, xvi· siècle.

Scènes de la vie de seigneurs et de dames.

(Appartient au Musée des Arts Décoratifs.)

26. **SEIGNEURS ET DAMES.** xv· siècle.

(Appartient à M. Demotte.)

27. HISTOIRE DE SAINT RÉMY. Atelier français. Commencement du
XVI° siècle.

Ces tapisseries, au nombre de dix, furent données par Robert de Lenencourt dont le portrait
se voit au milieu de la pièce.

Translation de saint Rémy opérée par les anges. D'un côté une église et la statue de saint
Rémy, une troupe arrive. Un soldat veut défoncer la porte, son pied reste pris. Saint Rémy
frappe l'Evêque de Mayence.

(Appartient au Musée de Reims.)

28. QUATRE MIRACLES DE SAINT RÉMY. Atelier français. Commencement du XVI° siècle.

La ville de Reims livrée aux flammes, l'incendie est éteint par le saint.
Saint Rémy bénit une femme et la ressuscite.
Saint Rémy bénit un tonneau vide qui se remplit de vin.

(Appartient au Musée de Reims.)

29. VIE DE SAINT RÉMY : LA BATAILLE DE TOLBIAC GAGNÉE
PAR CLOVIS SUR AURÉLIEN. Atelier français. Commencement du
XVI° siècle.

En bas saint Rémy en présence de la reine Clotilde exhorte Clovis. Baptême de Clovis par
saint Rémy.

(Appartient au Musée de Reims.)

30. VIE DE SAINT RÉMY. Atelier flamand. Commencement du XVI° siècle.

Quatre scènes relatant les diverses phases d'un procès se terminant par la résurrection d'un
mort que saint Rémy fait revenir à la vie pour combattre le faux témoignage du gendre de
ce défunt qui refusait de délivrer un legs fait à l'église.

(Appartient au Musée de Reims.)

31. LA NATIVITÉ DE LA SAINTE VIERGE. Commencement du XVI° siècle.

Sainte Anne est couchée dans un vaste lit carré, qu'abrite un baldaquin à longues franges,
sur le dossier se remarque un tableau d'or, suivant l'usage du temps. Joachim, dehors,
regarde. Sainte Elisabeth tient l'enfant dans ses bras, tandis qu'une autre parente, agenouillée,
s'apprête à la recevoir dans un bassin d'airain.

(Appartient au Musée de Reims.)

32. LE MARIAGE DE LA VIERGE. Atelier français. Commencement du
XVI° siècle.

Selon la tradition juive, le mariage de la Sainte Vierge a lieu devant le temple.

(Appartient au Musée de Reims.)

33. **VIE DE LA VIERGE. MARIE DANS LE TEMPLE. SES PERFEC-TIONS.** Atelier français. Commencement du XVI' siècle.

La vie de Marie est l'unique sujet qui occupe cette tapisserie ; ses perfections sont successivement annoncées par des emblèmes lui servant de cadre.

Son livre de prière est près d'elle, et devant elle la chaîne d'une bande de tapisserie, dans les fils de laquelle la diligente ouvrière fait passer d'une main la laine tandis que de l'autre elle serre la trame. Une corbeille remplie de pelotes et de bobines est à ses pieds.

(Appartient au Musée de Reims.)

34. **SAINT GERVAIS ET SAINT PROTAIS.** Atelier français. Commencement du XVI' siècle.

Scènes de la vie de saint Gervais et de saint Protais.

(Appartient à la cathédrale de Soissons.)

35. **LE COURONNEMENT DE LA VIERGE.** Parement d'autel. Atelier français, XV' siècle.

Pièce splendide et sans égale.

Scène du couronnement ; la Vierge est entourée d'un double cercle de Chérubins, en bas un « concert d'anges » ; puis les deux scènes qui représentent d'un côté Salomon accueillant sa mère Bethsabée, la faisant asseoir sur son trône et la couronnant ; de l'autre Esther aux genoux d'Assuérus obtenant le salut de son peuple.

Ce parement provenant de l'évêque de Sens Louis de Bourbon doit avoir la même origine que le suivant. Il diffère du premier cependant par une finesse plus grande encore de travail et par le dessin qui dénote l'influence française.

(Appartient au trésor de la cathédrale de Sens.)

36. **L'ADORATION DES MAGES.** Parement d'autel. Atelier flamand du XV° siècle.

La Vierge tenant l'enfant est assise sur un trône d'orfèvrerie placé à l'entrée de l'étable. Sa robe de velours pourpre et son ample manteau bleu ont des orfrois chargés de pierreries. A ses côtés, les mages accompagnés d'hommes d'armes apportent leurs présents. A sa gauche, deux personnages représentant le premier saint Joseph, le second un donateur vêtu d'une longue houppelande de velours bleu et d'un manteau rouge avec coiffure ecclésiastique. Les emblèmes, devises et armoiries répétés dans la bordure indiquant que ce personnage est le cardinal Charles de Bourbon, archevêque de Lyon, apparenté aux ducs de Bourgogne, Philippe le Bon, son oncle, et Charles le Téméraire, son beau-frère, et précisent la date de ce somptueux parement d'autel qui fut exécuté entre la promotion de Charles de Bourbon au cardinalat (1475) et sa mort (1488).

(Appartient au trésor de la cathédrale de Sens.)

37. **LE CONCERT.** Atelier français. Commencement du XVI' siècle.

Des personnages, hommes et femmes, jouant de l'orgue et de divers instruments de musique. Des enfants dans les angles tiennent des jouets. Fond vert semé de fleurettes. Sur l'aumônière du principal personnage on lit un « A » (Armagnac). La seconde femme de Pierre de Rohan appartenant à la maison d'Armagnac.

(Appartient à la Manufacture Nationale des Gobelins.)

38. BERGER ET BERGÈRE. Atelier français. Fin du XV' siècle.

Un homme et une femme en habits champêtres gardent des brebis, prairie émaillée de fleurs diverses, oiseaux, écusson écartelé d'or et d'azur en haut, au milieu à droite cette inscription tronquée :

> *Le preschier mepesche*
> *Car tant plus y pesche*
> *En moins y proufite*

(Appartient à la Manufacture Nationale des Gobelins.)

39. VIE DE SAINT MARTIN. Atelier français. Commencement du XVI' siècle.

Les principales scènes de la vie de saint Martin sont résumées dans cinq pièces des plus intéressantes. Le travail est traité largement et l'on peut admirer la valeur des lumières et des ombres.

(Cette suite appartient à l'église de Montpezat en Quercy.)

40. LES ROIS DES GAULES.

Ces tapisseries remontent à la première moitié du XVI' et représentent la fondation des principales villes des Gaules.
Elles proviennent des Manufactures d'Arras. Au loin la cathédrale de Reims et saint Rémy.

(Appartient à la cathédrale de Beauvais.)

41. LES ROIS DES GAULES.

Même date et même provenance que la pièce précédente.
L'une des deux tapisseries représente les provinces et les fleuves; l'autre la ville de Beauvais, sa cathédrale, Hendaye, son port, Paris et ses monuments.

(Appartient à la cathédrale de Beauvais.)

42. VIE DE LA VIERGE. Commencement du XVI' siècle.

Épisodes de la Vie de la Vierge.

(Appartient à l'église de Nantilly, à Saumur.)

43. ZACHARIE, L'ANGE ET SAINTE ELISABETH. Commencement du XVI' siècle.

(Appartient à la cathédrale d'Angers.)

44. LA VIERGE AUX ANGES ET AUX BERGERS. Commencement du XVI' siècle.

(Appartient à l'église de Nantilly, à Saumur.)

45. SEIGNEURS ET DAMES. Atelier flamand. Commencement du XVI' siècle.

Plaisirs de la vie seigneuriale : la lecture, la chasse, la musique.

(Collection de M. Gaston Meunier.)

46. SEIGNEURS ET DAMES. Atelier flamand. Commencement du XVI' siècle.

Plaisirs de la vie seigneuriale.

(Collection de M. Gaston Meunier.)

47. LE JUGEMENT DERNIER. Atelier flamand. Commencement du XVI⁺ siècle.
(Appartient au Musée du Louvre.)

48 *a*. SEIGNEURS ET DAMES. Commencement du XVI⁺ siècle.
Seigneurs et dames écoutent un discours.
(Collection Demotte.)

48 *b*. LA VIE DU CHRIST (la Cène). Commencement du XVI⁺ siècle.
Le Lavement des pieds. La Cène.
(Collection de M. Édouard Allez.)

49. PLANTILLA TENDANT LE VOILE A SAINT PAUL. Commencement du XVI⁺ siècle.
Saint Paul, allant au supplice, rencontre une chrétienne Plantilia; il lui demande son voile pour se bander les yeux.
(Appartient à MM. Arnold Selignann, Rey et Cⁱ⁺.)

50. LA VIERGE GLORIEUSE. Fin du XV⁺ siècle.
Au centre la Vierge avec l'enfant, à gauche Moïse frappant le rocher, à droite un ange remuant la piscine probatique.
(Appartient au Musée du Louvre.)

51. L'APPARITION DE L'ANGE. Commencement du XVI⁺ siècle.
(Collection Demotte.)

52. LE RETOUR DU CHEVALIER. Commencement du XVI⁺ siècle.
Fragment de tapisserie.
(Appartient à M. Bacri.)

53. LA PROCESSION. Atelier français. Commencement du XVI⁺ siècle.
Fragment d'une tapisserie.
(Collection de M. Georges Dormeuil.)

54 *a* et *b*. LES VENDANGEURS. Commencement du XVI⁺ siècle.
(Collection Demotte.)

55. LA VIE SEIGNEURIALE. Commencement du XVI⁺ siècle.
Grand fragment.
(Collection de M. Georges Dormeuil.)

56. SEIGNEURS ET DAMES. LE RETOUR DE LA CHASSE. Début du XVI⁺ siècle.
(Collection de M. Georges Dormeuil.)

57. LA VIE DU CHRIST. Commencement du XVI° siècle.

Le lavement des pieds.
Jésus conduit au supplice.
Le baiser de Judas.

(Appartient au Musée de Beauvais.)

58. DEVANT D'AUTEL. Fin du XV° siècle.

Sur un fond de couleur bleue avec un semis de fleurs tissées d'or et d'argent sont représentés les instruments de la passion. A droite et à gauche se trouve le même écusson tissé d'or aux armes d'Isabelle de Castille et de Ferdinand d'Aragon, roi de Sicile, 1468-1479.

(Collection particulière.)

59. TRIPTYQUE : SCÈNES RELIGIEUSES, XVI° siècle.

Le mariage.
L'annonciation.
Le baptême.

(Collection de M. Georges Dormeuil.)

60. TAPISSERIE DES PREMIÈRES ANNÉES DU XVI° SIÈCLE.

Cette pièce, exécutée par un atelier flamand, représente au centre les trois « Parques », au moment où Atropos brise le fil de la vie.

(Appartient à l'État.)